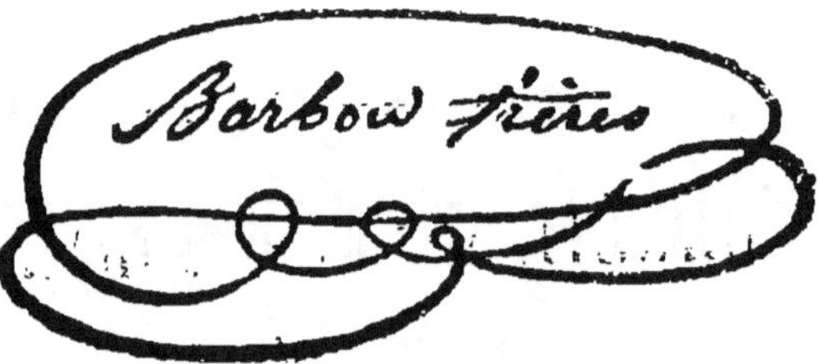

ANNE-MARIE.

ANNE-MARIE

ou

L'AMOUR DE DIEU.

LIMOGES.

BARBOU FRÈRES, IMPRIMEURS - LIBRAIRES.

ANNE-MARIE.

I

Anne-Marie Gilbert Auverger
naquit à Châteaugiron, petite ville
du diocèse de Rennes en Breta-
gne, le 8 mars 1758, et fut bap-

tisée, le lendemain, à l'église de la Madeleine sa paroisse. Elle vint au monde quelques instants après une sœur, et les deux jumelles furent reçues avec la même tendresse d'un père et d'une mère remplis de vertus, et que le Seigneur avait déjà bénis par une nombreuse famille.

Les infirmités d'Anne-Marie, dès son berceau, ne lui promettaient pas de longs jours. A cinq ans, elle commençait à peine à marcher; mais tandis que son

tempérament avait peine à se former, son esprit se développait
aisément, et son caractère était
plein d'enjouement et de vivacité.

Sa mère, privée par son com-
merce du bonheur de former elle-
même ses enfants à la piété, la
confia, ainsi que sa sœur, à une
vertueuse fille, qui mourut depuis
en odeur de sainteté : sa capacité
répondait aux vœux de madame
Gilbert, qui désirait à ses filles
l'amour de Dieu avant toute autre
chose. Quand on lui demandait

quelle était leur maîtresse : Une
personne pieuse, répondait-elle,
qui enseigne à mes enfants à aimer et à prier Dieu, et qui ne les
engagera point à rechercher la vanité ; avec l'âge elles apprendront
assez tôt ce qui leur restera à sa-
voir.

Elles passaient sous les yeux
de cette maîtresse une grande par-
tie de la journée ; mais les deux
élèves, celles dont nous écrivons
la vie ne profita point d'abord,
comme l'autre, des instructions

qu'elles recevaient en commun. Sans aucun de ces vices qui décèlent dès l'enfance un mauvais cœur, Anne-Marie, naturellement volage et irréfléchie, prenait assez fréquemment pour offense la plus légère plaisanterie, et marquait une grande sensibilité. Ce n'est pas qu'elle ne mît beaucoup d'agrément dans ses petites disputes : tout le monde se plaisait à l'agacer, parce qu'elle avait pour ressources des saillies remplies d'esprit et de gaîté; elle ne montrait jamais une humeur chagrine, à moins que, dans ses récréations, on n'interrompît ses plaisirs ; alors elle se fâchait et parlait vivement à ses compagnes. Son ressentiment n'allait pas plus loin.

Elle approchait de sa dixième année quand elle souhaita de faire, ainsi que sa sœur, sa première communion. Ses parents étaient un peu opposés à ses vues; elle ne rachetait pas, comme l'autre, sa grande jeunesse par un maintien doux et recueilli ; mais, afin de les décider à se rendre à ses vœux, elle veilla davantage sur elle-même, et il se fit bientôt un changement notable dans sa conduite : assidue au catéchisme, très-appliquée à s'instruire des éléments de la religion, elle les apprenait à de pauvres enfants qui ne savaient pas lire. Malgré son goût pour le jeu et pour le plaisir, elle leur donnait des leçons de sagesse qu'elle pratiquait la première. Sa famille s'aperçut avec satifaction qu'elle avait moins le goût de disputer, et qu'en s'amusant encore de la plaisanterie, elle n'y montrait plus l'envie de mettre toujours les autres dans leur tort, et n'y laissait apercevoir qu'un sourire malin : elle faisait aussi paraître beaucoup de complaisance envers ses frères et sœurs. Ils comptaient si bien sur sa bonne volonté, qu'ils lui demandaient mille petits services; et, lorsque ces bons offices étaient trop multipliés, ils avaient un moyen infaillible de prévenir ou de dissiper son ennui: c'était de l'assurer qu'ils engageraient leurs parents à lui permettre de faire sa première communion.

Anne-Marie montra en toutes choses du courage à se vaincre ; suppliant ses parents de lui pardonner ses anciennes désobéissances, elle disait : « Oui, je remplirai tous mes devoirs, et je serai toute changée après ma première communion. » Cette promesse les attendrit : ils cédèrent à ses désirs, et accompagnèrent leur consentement d'une cérémonie malheureusement trop rare de nos jours dans les familles chrétiennes; ils lui donnèrent l'un et l'autre leur bénédiction. Tout contribua depuis à les rassurer sur leur condescendance; ils s'en applaudirent en voyant la crainte qu'elle témoignait de recevoir Jésus-Christ sans les dispositions nécessaires, en considérant les précautions qu'elle prenait, les prières ferventes qu'elles adressait au Seigneur, et surtout les peines qu'elle se donnait pour bien faire une confession générale ; après l'avoir terminée, elle s'exprimait ainsi avec candeur : « Je n'ai » rien caché du moins dans ma » confession ; Dieu fera de moi » ce qu'il voudra, mais j'aimerais » mieux mourir que de commu- » nier indignement. »

Elle fit sa première communion à dix ans neuf mois ; cette action si importante pour le reste de la vie, et sur laquelle cependant la plupart des enfants réfléchissent si peu, opéra dans Anne-Marie la révolution la plus salutaire. Chaque jour, paraissant plus raisonnable, elle montra des inclinations douces, le jeu fut absolument négligé ; les dimanches et les fêtes elle se trouvait à tous les offices de l'Eglise, et s'y comportait d'une manière édifiante.

Ce changement était bien flatteur sans doute aux yeux de ses parents ; mais ils lui trouvaient encore un esprit trop jeune pour la mettre au couvent, ce qu'elle demandait avec instance. On lui représentait que sa sœur ayant donné plus de contentement, profiterait mieux du séjour de la retraite et de la prière. Elle répondait en souriant : «Vous croyez » que ma sœur en retirera plus de » fruit, eh bien ! vous verrez que » j'en reviendrai aussi bonne » qu'une religieuse. » La comparaison prêtait à rire dans une enfant d'une humeur aussi enjouée.

Après avoir long-temps essuyé des refus dans la poursuite de ses désirs, elle obtint, à l'âge de quatorze ans, qu'un de ses frères la conduisît au monastère des Dames bénédictines de Vitré. Elles avaient donné avec succès tous leurs soins à l'éducation de plusieurs de ses sœurs; celle ci retira de leurs leçons les plus grands avantages.

Son caractère bon, caressant, était propre à lui gagner le cœur de ses maîtresses; elle s'attacha beaucoup à chacune d'elles, et ce fut par affection pour Anne-Marie qu'on l'avertit de ses défauts, comme ce fut par attachement pour ces dames qu'elle s'en corrigea. Se concilier par la douceur et la bienveillance l'amitié des enfants, c'est assurément la meilleure méthode pour leur inspirer plus aisément l'amour de la vertu.

II

Le nouveau séjour de la jeune
Gilbert eut pour elle mille at-
traits ; amour du silence, fidélité
à tous ses devoirs, esprit de mor-
tification, tout ce qu'elle re-

marquait dans les religieuses de Vitré l'enchantait, et elle se sentit assez de courage pour imiter ce qui attirait son admiration. Depuis l'instant de son entrée chez ces dames, jusqu'à celui où elle les quitta, son assiduité, sa ferveur aux instructions, sa régularité à se conformer à l'ordre de la maison, et sa constance à lire et à méditer de bons livres, jetèrent dans son âme les précieuses semences des plus grandes vertus. Ce fut là, comme elle di-

sait ensuite à une de ses amies, que, se voyant si près du Seigneur, elle commença à le connaître. «Je n'avais pas, racontait-
» elle avec de vifs regrets, connu
» Dieu avant d'aller au couvent,
» ou du moins je n'avais pas com-
» pris l'obligation que nous avons
» contractée par le baptême de
» n'aimer et de ne servir que lui
» seul. »

Pour remplir cette obligation qu'elle sentait vivement, elle s'appliqua à découvrir tous ses défauts, et mit tant de fermeté et de constance à les vaincre, qu'on les vit bientôt disparaître ; elle en conçut même une horreur qui lui faisait compter pour des crimes jusqu'aux vivacités auxquelles elle s'était livrée, jusqu'aux railleries qu'elle s'était permises sur les ridicules du prochain dans la maison paternelle ; disant d'un ton vraiment affligé qu'elle ne pouvait assez les pleurer.

On ne saurait exprimer avec

quelle promptitude ce cœur sensible et tendre se détacha des choses de la terre, pour s'attacher à Dieu seul : aussitôt qu'elle le connut, son amour remplit toute la capacité de son âme. Malgré sa grande jeunesse, elle en était tellement pénétrée, qu'elle ne se plaisait, pour ainsi dire, qu'à converser avec lui par l'oraison mentale. Cet exercice, que, par une suite de sa frivolité et de sa tiédeur, le monde ne manque jamais de réserver aux cloîtres et

aux séminaires, lui fut extrême-
ment avantageux ; elle y apprit,
par un retour secret sur elle-même, à s'éprouver et à se réformer
en tout. Déjà découvrant au pied
de son crucifix les attraits du divin amour, elle goûtait mille délices dans cette familiarité avec
l'époux céleste; néanmoins au
sentiment de cette joie ineffable
était mêlé le souvenir d'avoir,
comme elle s'en plaignait à ses
amies, commencé si tard à l'aimer, et ce souvenir lui faisait ré-

pandre un torrent de larmes; elle s'affligeait encore quelquefois de l'idée qu'elle n'aimait point assez cet adorable Maître.

Sa vie passée lui paraissant mériter une austère pénitence, elle résolut de la pratiquer le reste de ses jours, et aussitôt elle la commença. Le désir d'expier ses fautes ne fut pas son seul motif : le prix du sacrifice que Jésus-Christ avait offert en faveur des hommes, en mourant pour les sauver, élevait son âme. Jésus

crucifié, qu'elle méditait sans cesse, devint son modèle, elle s'engagea à tout immoler à celui qui
s'était sacrifié pour elle.

Dans son empressement à chercher les moyens de devenir de
plus en plus agréable à Dieu, elle
conçut le dessein de se consacrer
à lui sans partage, et voulant
s'accoutumer de bonne heure au
genre de vie qu'elle comptait embrasser, sa ferveur la portait, malgré la faiblesse de son tempérament, à solliciter comme une

grâce la liberté de se lever la nuit avec les religieuses : tout en réprimant l'indiscrétion du zèle, elles étaient enchantées de ces dispositions ; et les jeunes pensionnaires qui se sentaient du penchant pour la vertu en retirèrent de précieux avantages. Anne-Marie cultivait leur amitié pour les affermir solidement dans la piété chrétienne.

Son cœur désabusé du monde, était bien éloigné de s'y procurer des liaisons. Elle ne sortait de la

communauté que pour aller dans
une maison amie de la famille, et
sa visite était un prétexte, afin de
se rendre chez les Hospitalières de
Vitré : elle leur portait beaucoup
d'affection ; la charité avec laquelle on y pansait les pauvres,
ces vivantes images de Jésus-Christ
souffrant, animait dans son cœur
un désir ardent d'avoir part à une
œuvre si excellente, et lui fit sou-
haiter de vivre et de mourir dans
ce saint asile, en qualité de fille
de la Miséricorde. L'année que ses

parents lui avaient permis de passer au couvent était près de finir, elle se hâta de leur écrire pour solliciter la faveur de se consacrer, le reste de ses jours, chez les Hospitalières, au soulagement des malades. Ses père et mère n'avaient point ignoré l'édification peu commune que ses vertus avaient donnée dans le couvent qu'elle allait quitter. Charmés et attendris de ses beaux sentiments, ils consentirent qu'elle entrât aux Hospitalières en qualité de pensionnaire, lui marquant qu'elle verrait par là de plus près l'institut qu'elle désirait d'embrasser, et qu'elle pourrait choisir un jour, si elle persistait dans son dessein, ajoutant qu'il était inutile de penser maintenani à y rester, à raison de sa grande jeunesse.

A l'âge de quinze ans, elle entra chez les Dames hospitalières, dites de la Miséricorde de Jésus. L'air modeste et recueilli avec lequel elle s'y annonça, les habits très-simples dont elle était revê-

tue par choix et par goût, la firent
peu remarquer de ces pensionnaires, qui ne considèrent une nouvelle société qu'autant qu'elle leur
apprend les frivolités et les modes
du monde. Celle-ci n'avait pas de
quoi nourrir le vanité. Sa con-
versation toute céleste ne plaisait
qu'à ce petit nombre de jeunes
personnes qui envisagent le séjour du couvent comme un moyen
de connaître et de pratiquer la
vertu ; voilà celles à qui son
exemple, plus encore que ses dis-

cours, réussit à l'inspirer. Elle se lia avec elles très-étroitement, et déposait dans leur sein le secret de son amour pour Dieu et celui de ses bonnes œuvres.

Trop timide pour communiquer d'abord à ces Dames le dessein qui la conduisait chez elles, elle laissa ensuite aperceeoir qu'elle ambitionnait uniquement de leur être associée. On la regardait comme un ange, et l'on ne cessait de la proposer pour modèle aux autres pensionnaires;

parmi les vertus qu'elle fit écla-
ter, la charité et l'esprit de mor-
tification étaient les plus remar-
quables : elle recevait ainsi
qu'une grâce insigne la liberté
d'accompagner les religieuses dans
les salles des malades; son zèle
auprès d'eux, son courage à leur
rendre des services pénibles et
dégoûtants, sa compassion pour
leurs maux, surpassaient tout ce
que l'on en pourrait dire; elle
chérissait de préférence l'action
qui répugnait davantage à la na-

ture. Une conduite si généreuse ne lui était pas uniquement inspirée par son amour pour les pauvres, elle prenait encore sa source dans son avidité à rechercher toute espèce de mortifications : elles sont, quoi qu'en pensent les gens **du monde**, essentielles au christianisme, et cette admirable enfant en était parfaitement convaincue ; elle se retranchait ce qui ne lui était pas absolument nécessaire ; et l'argent que sa famille lui accordait pour ses menus

plaisirs, ou même pour des be-
soins essentiels, était employé
presque tout entier au soulagement des pauvres. Ces petits se-
crets d'une piété aussi humble
que fervente ont été révélés après
sa mort par une sainte fille, do-
mestique dans la maison Hospi-
talière, et à qui elle était souvent
obligée de se confier dans ses bonnes œuvres.

III

Le terme que ses parents
avaient fixé pour son retour approchait; Anne-Marie n'eût jamais
voulu quitter son asile, où la fa-
cilité de visiter chaque instant le

très-saint Sacrement, et celle de
voir et d'assister les pauvres, faisaient ses délices : pour diminuer
sa peine, on lui promit de l'y laisser entrer après quelques années,
et la dame qui dirigeait le pen-
sionnat la consola du retardement
que son âge mettaient à ses des-
seins, en lui disant : « Allez, ma
» chère enfant, commencer au
» sein de votre famille, le genre
» de vie que vous voulez mener
» ici; visitez et soulagez par vos
» aumônes, autant que vous le

» pourrez, les pauvres malades,
» et persévérez dans la réception
» des sacrements tous les huit
» jours : une seule chose m'in-
» quiète, vous me semblez d'un
» faible tempérament ; mais il
» faut tout mettre entre les mains
» de Dieu, qui vous donnera la
» force et les moyens de parvenir
» à la fin que vous vous propo-
» sez. » Elle ajouta à ces paroles
de sages avis, pour entretenir
dans le cœur de son élève le désir de la perfection chrétienne.

Elle ne put s'arracher des bras de cette religieuse et de ceux de ses amies sans verser beaucoup de larmes ; mais la manière dont elle fut accueillie par sa famille était propre à diminuer son chagrin. Elle amena la joie avec elle dans le sein de ses bons parents, impatients de juger par eux-mêmes si le changement de leur jeune fille était aussi grand qu'on le disait : considérant la douceur inaltérable de son caractère, contemplant les vertus qui brillaient en elle, ils ne pouvaient revenir de leur surprise, et, se rappelant alors son enfance, ils ne la reconnaissaient plus. Tous ceux qui fréquentaient la maison, ou qui avaient eu quelques rapports avec elle, partageaient cette admiration. Autant on parlait de sa figure et de ses talents, autant on relevait sa piété, sa charité, sa vie séparée du monde; bientôt elle fut connue et révérée dans toute la ville.

Dès son arrivée à Châteaugiron ; elle pria avec instance ses parents de ne point l'obliger d'aller au bals et aux assemblées, leur disant d'une manière enjouée ; « Je ne suis point faite » à la danse.—Mais le jeu que tu » aimais tant, répondirent-ils, » pourrais-tu bien t'en passer ?— » Oh ! très-bien, répliqua Anne-» Marie, tout cela ne m'est plus » rien ; et, pour que le monde ne » compte point sur moi, je vous » demande en grâce un ajuste-» ment qui lui fasse connaître

» que je ne cherche point à lui
» plaire. » Sa famille ne voulant
pas la contredire, lui fit seule-
ment observer qu'elle était bien
jeune et qu'elle pourrait changer;
mais que l'on serait toujours prêt
à lui donner des robes de couleur
et de goût quand elle s'ennuierait
du brun qu'elle souhaitait por-
ter.

Elle ne se contenta point d'an-
noncer ce détachement des choses
de la terre par son éloignement
pour les parures; les visites de

pure bienséance, les compagnies, où trop souvent on ne s'entretient que de médisances et de frivolités, étaient encore à ses yeux une source d'ennuis; alors elle sentait mieux que jamais les délices de la solitude et le besoin qu'en avait son cœur : elle ne restait dans la société qu'autant que le devoir l'exigeait; sa chambre, ainsi que l'église, était l'asile où son âme trouvait son repos dans la présence de Dieu.

Cette vie retirée ne la rendait

ni sauvage ni mélancolique : Anne-Marie portait avec joie le joug du Seigneur, avait une dé-dévotion toujours aimable. Quand elle rencontrait de ses personnes qui, ne connaissant point les at-traits de la piété, lui marquaient de la surprise sur son enjouement, en lui disant qu'elle était bien gaie pour une fille dévote, elle prenait, dans la crainte de scan-daliser les faibles, un air un peu plus sérieux, et répondait douce-ment que la vertu n'est point triste, qu'on ne peut être mécontent au service de Dieu, qui est un si bon maître.

Nous ne pourrions rendre un compte exact des bonnes œuvres dont elle marquait chacun de ses jours, et surtout les deux dernières années de sa vie; il n'était pas un pauvre qui ne la connût et ne la nommât sa bonne mère; pas un malade qu'elle ne visitât, sans que les fatigues de la route, ou le mauvais temps, ou sa faible santé l'arrêtassent; et, quand on voulait la plaindre ou l'engager à se ménager, elle répondait qu'elle ne se trouvait pas fatiguée, et qu'il fallait faire bien autre chose pour aller au ciel. On l'a vue se transporter dans des étables, où, entassés comme de vils animaux, de malheureux paysans, mourant de froid et de faim, étaient infectés de l'odeur que leurs propres maux répandaient autour d'eux. Elle les changeait, mettait sous eux de la paille qu'elle leur avait apportée, restait auprès d'eux à leur

préparer ce qui leur était nécessaire, pensait leurs plaies, et
leur distribuait les remèdes que
les gens de l'art lui confiaient.

Au reste, le zèle dont elle était
pénétrée pour le salut des autres
ne faisaient qu'augmenter celui
qu'elle ressentait pour sa propre
perfection. Depuis l'âge de quatorze ans, elle n'avait vécu que
pour Dieu ; mais on peut dire que
pendant les six derniers mois de
sa vie, son amour envers lui, son
dégoût pour le monde, ses désirs

du paradis, furent inexprimables
et rendirent sa piété mille fois
plus ardente. Elle ne parlait que
de son divin Maître, dont le seul
souvenir lui faisait répandre de
ces larmes si douces pour ceux
qui aiment. Bien souvent ses
yeux étaient tendrement fixés
vers le ciel, le séjour des bienheu-
reux; sans cesse, d'après les sain-
tes Ecritures, elles en racontait
les merveilles, et de manière à
répandre dans le cœur de ceux
qui l'écoutaient des consolations

ineffables. L'image de la mort, toujours présente à son esprit, la frappait plus vivement de jour en jour; elle paraissait assurée qu'elle ne tarderait pas à mourir.

Mademoiselle Gilbert avait atteint, depuis six mois, sa dix-septième année, lorsqu'il régna à Châteaugiron une maladie épidémique. Sa charité la fit voler auprès des malades, sans qu'elle craignît rien pour sa vie; elle disait, au contraire, avec beaucoup de joie : « J'espère que je mourrai bientôt :

» voilà une fièvre épidémique qui
» me fera jouir de mon Dieu. »

Un jour que de jeunes demoi-
selles étaient avec ses sœurs à la
maison, elle engagea une d'entre
elles à l'accompagner auprès d'une
pauvre femme dont elle allait
panser les plaies. On se plaignait
assurément de l'imprudence de la
proposition, et Anne Marie, sans
insister davantage, se contenta de
leur dire : « Le bon Dieu ne nous
» enverra que le mal qu'il vou-
» dra ; pour moi, je ne crains pas

» la fin qu'il me réserve. Je crois
» cependant que je mourrai dans
» peu, et peut-être avant trois se-
» maines. » Elle parut très-satis-
faite en prononçant ces mots, et
ses amies les regardèrent dès-lors
comme une vraie prédiction. Peu
de jours après, elle fut saisie, la
nuit du 19 septembre 1770, d'une
fièvre si violente, que la domes-
tique qui couchait dans sa chambre eut beaucoup de peine à la
contenir dans son lit. Cette fille,
qui devait à sa jeune maîtresse

les goûts de la piété chrétienne, avait pour elle un attachement extrême ; toute la maison est dans la consternation, et le médecin est appelé à l'instant : quoiqu'il jugeât que la malade était fort mal, il ne voulut point encore effrayer ses parents.

Sa bonne amie, qui accourut à la nouvelle de son état, lui trouva une fièvre ardente, avec une douleur très-aiguë. Elle jouissait d'une tranquillité parfaite, les yeux attachés sur un crucifix et

sur une image de la sainte Vierge,
qu'elle avait prié qu'on plaçât devant elle. La malade parut souvent s'entretenir avec Jésus et
Marie du moment de sa mort,
assurant à ceux qui la soignaient
que tous les remèdes seraient inu-
tiles.

Le troisième jour, sa faiblesse
était déjà si grande, qu'elle pouvait à peine se soulever sur son
lit. Elle demanda dès-lors à recevoir les sacrements; mais comme
il n'y avait que trois jours depuis

la dernière communion qu'elle avait faite à l'église, et que d'ailleurs on espérait tout de sa jeunesse, on différa de se rendre à ses vœux. On ne se doutait pas que sa fin fût si prochaine : la nuit du quatrième au cinquième jour de sa maladie, elle voulut lire, mais s'apercevant que sa vue était couverte, et jugeant qu'elle n'avait que très-peu de temps à vivre, elle pressa une des personnes qui la veillaient d'aller promptement chercher son confesseur.

Au point du jour, son état parut désespérant. Le curé de la paroisse vint dans ce moment, et lui trouva une parfaite connaissance. Insensible à tout ce qui l'entourait, ne s'occupant que de sa dernière heure, elle parla longtemps du Seigneur de la manière la plus attendrissante. A peine avait-elle terminé sa confession, que son agonie commença, et l'on n'eut pas le temps de lui donner le saint Viatique, qu'elle désirait avec ardeur : elle reçut le sacrement de

l'Extrême-Onction dans les sentiments d'une âme qui passe de la
terre au Paradis. Il n'est pas pos-
sible de voir une jeune personne
mourante offrir un spectacle plus
propre à faire couler des larmes
de joie et de consolation ; elle
semblait être en extase. Enivrée
déjà, pour m'exprimer comme le
Roi prophète, de ce torrent de
délices réservés aux habitants de
la sainte Jérusalem, elle avait les
yeux ouverts et constamment
fixés vers le ciel ; cette situation,

loin de la rendre effrayante, la faisait paraître plus aimable. Placé près d'elle, son curé l'exhortait, et, au nom de Jésus et de Marie, la joie se répandait sur son visage, ses traits reprenaient un air de vie, des soupirs s'échappaient fréquemment de son cœur. Il semblait, à voir le ravissement exprimé dans toute sa personne, qu'elle voulût s'élancer vers l'aimable Sion. Jamais, nous disait depuis celui qui l'assista dans ses derniers moments, et que la Providence a placé ensuite à la tête d'une grande paroisse du diocèse, jamais je n'eus auprès d'un mourant autant de consolation que j'en éprouvai auprès de mademoiselle Gilbert.

Comme on fit sonner son agonie, à la paroisse de la Madeleine, beaucoup de personnes accoururent pour assister à une mort aussi sainte. Son appartement fut bientôt rempli ; tous s'approchaient de son lit avec admiration, et ne se lassaient point de la

voir. Sa bonne amie, avertie par
ce son lugubre, s'empressa de ve-
nir recevoir ses derniers soupirs.
« Au moins, disait-elle en pleu-
» rant amèrement, je la verrai
» encore un instant, afin de gra-
» ver mieux dans mon cœur, par
» ce spectacle, l'image de ses ver-
» tus. » Elle arrive, fondant en
larmes, à la porte de sa chambre;
elle veut parler, mais ses sanglots
étouffent sa voix; et elle ne peut
prononcer que ces mots : « Ah!
» laissez-moi voir, pour la der-

» nière fois, mon amie ! » On voulut l'empêcher d'entrer ; mais le
curé, persuadé que la vue d'une
pareille mort pourrait faire d'heu-
reuses impressions sur cette jeune
demoiselle, fait écarter tout le
monde pour la laisser approcher
du lit. Elle vient en tremblant, et
n'a pas plutôt jeté les yeux sur
Anne-Marie, qu'à l'instant se re-
tracent à sa mémoire et ses cares-
ses, et ses exhortations, et ses
exemples. Elle sent à la fois et un
regret accablant de n'avoir point

encore éprouvé tant de grâces, et une douleur aiguë par le pressentiment qu'elle va tout perdre : elle ne peut résister à cette idée, et pousse comme involontairement un grand cri ; ensuite, immobile pendant quelques moments, elle se rappelle la promesse qu'elle lui avait faite, six mois auparavant, de s'occuper de son salut aussitót qu'elle paraîtrait devant Dieu. A ce souvenir, elle se dit à elle-même: «Eh bien ! » si je ne peux la suivre en ce mo»

» ment, je vais du moins marcher
» sur ses traces. » Elle éprouva
» alors un calme ineffable, mais
son cœur était trop vivement af-
fecté pour soutenir longtemps le
spectacle dont elle avait nourri
sa douleur. Elle sort précipitam-
ment, et vient à l'église jurer à
Jésus-Christ que le coup dont il
l'a frappée opèrera sa conversion,
qu'elle va devenir une seconde
Anne-Marie. A l'instant même
elle renonça au monde, et passa
presque toute la journée à prier

pour son amie, qui mourut le lundi 24 septembre 1770, entre midi et une heure, âgée de dix-sept ans et demi, au cinquième jour de sa maladie. A la nouvelle de sa mort, qui se répandit bientôt dans Châteaugiron, on s'empressa d'aller visiter son corps, par l'opinion générale qu'on avait de sa sainteté. Tous ceux qui entouraient son cercueil parlaient en même temps et de l'éclat de ses vertus, et des charmes de sa figure, que la mort n'avait point altérée. Ses yeux restaient fixés vers le ciel, et, comme ils étaient naturellement grands et pleins de douceur, ils avaient quelque chose de gracieux et de céleste qu'on n'exprimait que très-difficilement. Tout, dans les restes précieux de cette jeune et admirable personne, inspirait la piété et la consolation : on ne pouvait la quitter, on ressentait une joie secrète de l'admirer sur son lit de mort ; on aurait voulu ne la perdre jamais de vue ; on applaudis-

sait unanimement à ses vert
à son bonheur, et les pauvre:
honorant sa mémoire de leur
nédictions et de leurs larme:
sentaient disposés, disaient-i
invoquer leur bonne mère,
ils étaient persuadés de sa
cité.

LIMOGES. — IMPRIMERIE DE BARBOU FRÈ

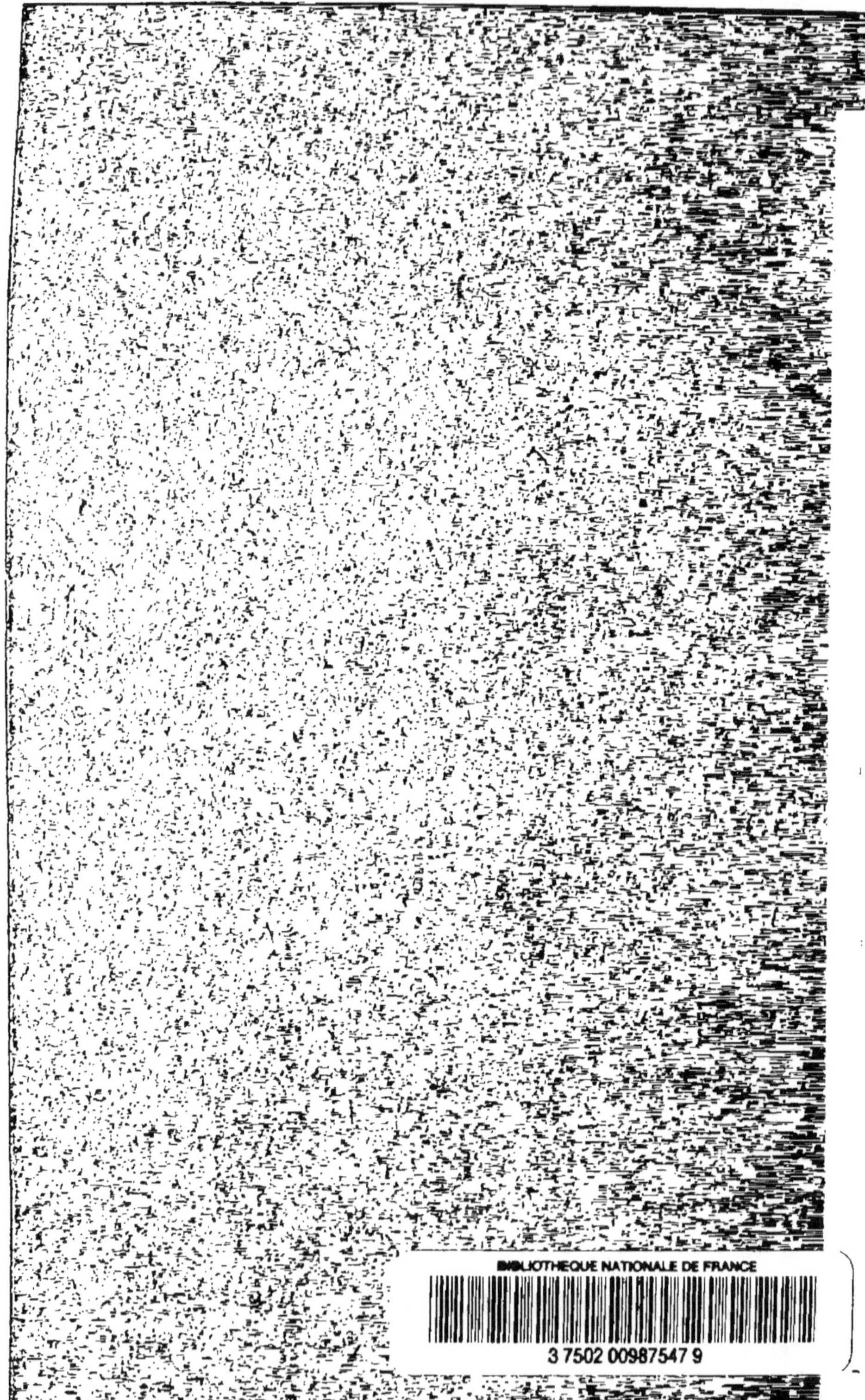